LE RENVERSEMENT

DE LA

COLONNE VENDOME

ÉPREUVES D'UN CHAPITRE INÉDIT DE LA 12e ÉDITION DU LIVRE DE

M. L'ABBÉ LAMAZOU

INTITULÉ

LA PLACE VENDOME

ET

LA ROQUETTE

PARIS

E. DE SOYE ET FILS, IMPRIMEURS

5, PLACE DU PANTHÉON, 5

1873

CHAPITRE III

LE RENVERSEMENT DE LA COLONNE VENDOME.

1

Rien ne devait être sacré pour les révolutionnaires du 18 mars. Comme tout me le faisait pressentir après la sanglante fusillade de la rue de la Paix dont j'avais béni et consolé les victimes, ils n'allaient reculer devant aucune folie, aucun crime pour assouvir leurs haines brutales contre Dieu, la patrie et la société.

Après les désastres sans nom que les Prussiens avaient infligés aux armées de la France, la pensée du peuple vaincu se reportait avec une légitime émotion sur la colonne Vendôme, ce glorieux monument des foudroyantes victoires que nous avions, soixante années auparavant,

remportées sur les armées de l'Allemagne. Elle
se dressait à nos yeux attristés comme une con-
solation, un encouragement, une espérance. Au
moment où la Prusse se préparait, à son tour, à
élever sur les places publiques de Berlin des
trophées commémoratifs de ses triomphes, la
Commune, poussée par une haine sauvage —
des observateurs indiscrets ajoutent — et par l'or
des Prussiens, résolut de renverser la colonne
Vendôme. Les fonctions du ministère sacerdotal
que j'eus le bonheur de remplir tous les jours
jusqu'au moment de mon arrestation et de la
fermeture de la Madeleine par ordre du Comité
de salut public, allaient me procurer encore le
triste avantage d'assister à cet acte de vanda-
lisme et de lâcheté.

Le jeudi 13 avril, la Commune insérait le
décret suivant dans son *Journal officiel* :

« La Commune de Paris,

« Considérant que la colonne impériale de la
« place Vendôme est un monument de barbarie,
« un symbole de force brute (*sic*) et de fausse
« gloire, une affirmation du militarisme, une
« négation du droit international, une insulte

« des vainqueurs aux vaincus, un attentat per-
« pétuel à l'un des trois grands principes de la
« république française, la fraternité,

« DÉCRÈTE :

« *Article unique*. La colonne de la place Ven-
« dôme sera démolie.

« Paris le 12 avril 1871. »

Ce décret fut accueilli avec un sentiment d'in-
crédulité par les uns, avec un mouvement d'hi-
larité par les autres. La partie saine de la population de Paris n'y vit d'abord qu'une stupide
plaisanterie et garda la conviction que la colonne
Vendôme resterait debout. Le moment de faire
de la philanthropie et de la concorde humanitaire
semblait d'ailleurs mal choisi. Notre écrasement
par les Prussiens qui des hauteurs de la ban-
lieue, où ils campaient encore, jetaient un re-
gard irrité sur le mémorial de nos anciens
triomphes était, à lui seul, un motif suffisant de
le respecter.

Si les « considérants » pompeusement énu-
mérés au *Journal officiel* par les chefs de la Commune étaient sérieux dans la pensée de leurs

auteurs et devaient bientôt passer à l'état de fait accompli, la logique demandait qu'on démolît également l'église de Notre-Dame de Paris comme un monument de superstition, un symbole d'intolérance et de tyrannie, une affirmation du cléricalisme, une négation de la libre pensée, une insulte permanente des hommes qui croient aux hommes qui ne croient pas, un attentat perpétuel à l'un des grands principes de la Commune : la haine de toutes les gloires du passé. La logique demandait qu'on incendiât aussi le musée du Louvre dont les tableaux et les statues rappelaient au peuple la grandeur de Dieu, les victoires des rois, la bravoure des chevaliers et le dévouement des prêtres. Or, le 12 avril, presque personne ne soupçonnait à Paris que la Commune pousserait la logique à ces monstrueux excès. Malheureusement, quelques semaines plus tard, la colonne Vendôme était renversée, le feu était mis à Notre-Dame et au Louvre.

C'est le citoyen Courbet, un des coryphées de la Révolution et de la Commune, qui a eu l'initiative du renversement de la colonne Vendôme; c'est lui qui a organisé les moyens de l'accomplir. Il est juste que le citoyen Courbet porte devant ses concitoyens et devant l'histoire la responsabilité de cet ignominieux attentat à l'honneur de son pays.

Depuis la fusillade du 22 mars, la place Vendôme était devenue le principal quartier de l'insurrection. Il était difficile d'y pénétrer. C'était moins une place publique qu'un camp retranché. On fortifiait chaque jour les deux énormes barricades qui en défendaient l'entrée, l'une du côté de la rue de la Paix, l'autre du côté de la rue Castiglione. Elle était encombrée de petites tentes d'une saleté repoussante. La physionomie des citoyens qui l'occupaient ne pouvait rassurer personne. Les uns étaient accroupis sur la paille ; les autres partageaient joyeusement leur temps entre le jeu, la bouteille et la pipe. L'abrutissement et la férocité étaient le trait distinctif de la plupart. Çà et là des cantinières de tout âge mêlaient à la distribution du café et de l'eau-de-vie des paroles et des gestes d'un caractère franchement cynique.

Les Parisiens qui doutaient encore de l'exécution du décret prescrivant la démolition du monument élevé « à la gloire de la grande armée » ne conservèrent pas longtemps leurs patriotiques espérances.

Annoncé d'abord pour le 5 mai, le renversement de la colonne Vendôme n'eut définitivement lieu que le mardi 16. Depuis plusieurs
jours, on organisait les moyens matériels d'exé-
cuter le honteux décret de la Commune. En al-
lant porter des consolations religieuses aux malades de la paroisse qui habitaient les environs
de la place Vendôme, je m'arrêtais quelques
instants devant les barricades de la rue de la
Paix et de la rue Castiglione. Je m'appliquais
à examiner les préparatifs de démolition qui
n'étaient pas poussés avec une grande vigueur,
et à recueillir les observations populaires qui ne
manquaient point d'intérêt.

Quoique la partie honnête de la population
eût presque entièrement abandonné Paris, on
voyait encore des groupes où l'on blâmait ou-
vertement la démolition de la colonne, et cepen-
dant on n'entendait plus dans ces groupes le
nom de *Monsieur;* il était universellement rem-
placé par le titre de *citoyen.* Le nom de *Madame*
devenait assez rare et faisait place à la burles-
que qualification de *citoyenne,* qui semblait mé-
diocrement flatter l'amour-propre de la plupart
des commères à qui on la décernait.

D'après les commentaires un peu hasardés des

passants, un Anglais avait proposé à la Commune de payer mille francs le privilége de monter le dernier au haut de la colonne ; un autre Anglais lui avait offert d'acheter la colonne entière pour la somme d'un million. Le citoyen Courbet et le général Cluseret en avaient obstinément, au nom de leurs collègues, exigé un et demi, non compris les frais de commission. Suivant les uns, les frais de démolition étaient évalués par le citoyen Jourde, le délégué au ministère des finances, à la somme de trente mille francs ; d'après les autres qui regardaient la colonne comme un bloc inépuisable de bronze, on allait en retirer quinze, vingt, trente, quarante millions en monnaie de gros sous. Les moins déraisonnables se préoccupaient de la chute du monument et craignaient que la secousse n'entraînât des malheurs dans le quartier ; les plus courageux se disaient à voix basse : « Parbleu ! les Prussiens doivent être contents ! »

Malgré les préparatifs de démolition, on trouvait encore des personnes sensées qui s'obstinaient à croire que le glorieux souvenir de nos victoires en Allemagne serait respecté. Mais la Commune qui aux horreurs de la guerre civile

devait ajouter tous les scandales et toutes les
hontes, annonça en termes formels que la colonne serait définitivement renversée le 16 mai ;
ses journaux officieux convièrent la population
parisienne à cet acte de lâche destruction comme
à une fête patriotique.

A partir de midi, une foule assez considé-
rable se dirigeait vers la rue de la Paix et la rue
Castiglione ; elle s'échelonnait sur les trottoirs
jusqu'au nouvel Opéra et au jardin des Tuile-
ries. J'avais à visiter quelques malades dans le
quartier Vendôme ; je me décidai à faire coïn-
cider ma visite avec le renversement de la colonne dont je tenais à être le témoin, assuré
que cet événement figurerait dans l'histoire de
la France comme un des plus tristes et des plus
humiliants pour le cœur d'un Français. En
outre, on surexcitait chaque jour davantage les
mauvaises passions contre le clergé qu'on arrê-
tait, contre les églises qu'on fermait. Comme
j'avais la responsabilité du service religieux à la
Madeleine, et que les partisans de la Commune
ne dissimulaient point leurs haines pour cette
paroisse qu'ils appelaient misérable, infâme,
parce qu'elle avait refusé ses votes aux révolutionnaires du 18 mars, je cherchais à me ren-

seigner moi-même sur les dispositions de la
foule.

II

Il est près de deux heures. On achève à l'ex-
trémité de la rue de la Paix l'installation d'un
cabestan auquel trois câbles relient la partie
supérieure de la colonne. Quelques ouvriers
sont encore occupés à scier le bronze et la pierre
de la partie qui touche au piédestal. Entre la
colonne et le cabestan placé à l'entrée de la rue
de la Paix on a préparé un lit de fascines, de
sable et de fumier pour amortir la chute du
bronze et du granit. Aux angles de la place les
musiques des bataillons insurgés exécutent *la
Marseillaise*. Plusieurs membres de la Commune
s'installent au balcon du ministère de la justice
en compagnie de « citoyennes » affublées de
ceintures rouges et que leurs maires ou préfets
n'ont certainement jamais songé à proposer
pour les prix Montyon. Aux fenêtres de l'état-
major de la Place de Paris et de la garde natio-
nale, on voit les principaux chefs militaires de
la Commune dont la plupart n'ont point voulu
se battre contre les Prussiens et aujourd'hui
déploient contre les troupes françaises un féroce

acharnement. Dans l'intérieur de la place on remarque quelques chemises rouges de Garibaldiens et un assez grand nombre de cordons maçonniques.

A trois heures et demie, un délégué de la Commune, à la figure avinée et à la stature athlétique, apparaît sur la plate-forme qui domine la colonne, un drapeau tricolore à la main. Il le foule aux pieds, puis détache avec un religieux respect le drapeau rouge qui flotte depuis, le 18 mars au haut de la colonne, fait trois fois le tour du monument en poussant d'une voix de stentor les cris de : « Vive la République! Vive la Commune! A bas les royalistes! A bas les tyrans! » Il mêle à ces cris des prophéties enthousiastes sur le triomphe définitif de la révolution, l'écrasement des chouans de Versailles par la colère du peuple, la régénération de Paris et de l'humanité par l'avénement de la Commune. Il reprend ensuite le drapeau tricolore avec indignation et mépris, il l'accable de ses imprécations, fait de nouveau trois fois le tour de la plate-forme en arrachant du drapeau maudit quelques lambeaux qu'il jette aux quatre vents, lui lance un dernier anathème et l'attache à la colonne « afin que ces deux emblèmes du despotisme, de la trahison et du déshonneur soient confondus par la Commune vengeresse dans la même réprobation et la même ruine. »

J'étais confondu, ahuri de voir tant de cynisme uni à tant d'imbécillité. Tandis qu'un de mes voisins, originaire sans doute de Montmartre ou de Belleville, s'écrie : « Vive le délégué de la Commune ! » un autre voisin, qui contenait difficilement sa mauvaise humeur, murmure à voix basse : » A bas le délégué de la Prusse ! » Un léger sourire que j'envoie à l'adresse de mon courageux voisin lui prouve qu'il n'est pas seul indigné du navrant spectacle auquel nous assistons.

Pendant que le délégué de la Commune ou de la Prusse (si cette supposition n'est pas vraie, elle est du moins vraisemblable) se dispose à descendre, des applaudissements éclatent au balcon du ministère de la justice, les musiques entonnent de nouveau *la Marseillaise*, le cabestan s'agite, les câbles se tendent, l'anxiété des spectateurs est à son comble. Un bruit sourd se fait entendre..... Le cabestan s'est brisé, les câbles se détendent, la colonne reste immobile. La plus grande partie de l'assistance semble se réjouir de cet accident ; quelques forcenés poussent des cris de colère et demandent avec le plus grand sérieux qu'on arrête les ouvriers comme coupables de trahison et de complicité avec les royalistes de Versailles. Les membres de la Commune manifestent un vif mécontentement, donnent de nouveaux ordres et reprennent leur patriotique colloque avec les « citoyennes » sans pudeur qui les entourent.

Quelques travailleurs montent sur le piédestal de la colonne et à l'aide de scies, de pioches et de pinces élargissent la brèche pratiquée sur le bronze et la pierre. On répare et on fixe de nouveau le cabestan rebelle; pendant que les manœuvres le mettent en mouvement, les musiques continuent leurs airs révolutionnaires. Il est cinq heures et demie, la colonne s'ébranle et, après une légère oscillation, tombe avec un horrible craquement et au milieu d'un nuage de poussière sur le lit qui lui a été préparé dans la direction de la rue de la Paix.

J'avais entendu dire à un ami du chancelier Pasquier que le jour de la mort de Louis XVI le président de la Chambre des Pairs, encore enfant, avait été entraîné par les flots de la multitude à l'entrée de la place de la Concorde. Jusqu'au moment où l'infortuné monarque monta sur l'échafaud, on n'entendait que d'horribles imprécations, des cris de vengeance et de mort. Mais lorsque le régicide fut consommé, soudain cette cohue, d'après le récit du célèbre président, se retira silencieuse et comme frappée de stupeur à la vue de l'épouvantable attentat dont elle venait d'être le témoin.

Je remarquai un phénomène analogue, le 16 mai, à la place Vendôme. Lorsque le glorieux trophée qui devait perpétuer le souvenir de nos victoires sur l'Allemagne ne fut plus qu'une masse informe ensevelie dans un lit de fumier, la foule s'éloigna en silence et visiblement mécontente du stupide outrage infligé « à la gloire de la grande armée. » On entendit à peine quelques cris de : « Vive la République ! Vive la Commune ! » Les bandits qui avaient poussé ces cris oublièrent celui de : « Vive la Prusse ! » De complicité matérielle ou morale avec notre impitoyable vainqueur, ils l'avaient aidé à satisfaire ses vengeances patriotiques et humiliaient de nouveau la malheureuse France aux yeux du monde civilisé.

Après avoir commis ce hideux attentat, la Commune se montra intraitable envers tous ceux qui se permettaient à ce sujet une obser-

tion critique. Les jours suivants quelques personnes furent injuriées ou arrêtées pour n'avoir
pas comprimé leur mépris et leur douleur.

Je rentrai à la Madeleine, l'indignation et la
consternation dans l'âme. Jusqu'à ce moment
tous les excès me semblaient probables; à partir de ce moment, je m'attendis à tous les crimes et à toutes les hontes.

Le lendemain, 17 mars, je lisais, dans le
Journal officiel de la Commune, cet étrange document qui doit être conservé à l'histoire :

RENVERSEMENT DE LA COLONNE VENDÔME.

« Le decret de la Commune de Paris qui or
« donnait la démolition de la colonne Vendôme
« a été exécuté hier, aux acclamations d'une
« foule compacte, assistant, sérieuse et réfléchie,
« à la chute d'un monument odieux, élevé à la
« fausse gloire d'un monstre d'ambition.

« La date du 26 floréal sera glorieuse dans
« l'histoire, car elle consacre notre rupture avec
« le militarisme, cette sanglante négation de tous
« les droits de l'homme.

« Le premier Bonaparte a immolé des mil
« lions d'enfants du peuple à sa soif insatiable

« de domination ; il a égorgé la République
« après avoir juré de la défendre ; fils de la Ré-
« volution, il s'est entouré des priviléges et des
« pompes grotesques de la royauté ; il a pour-
« suivi de sa vengeance tous ceux qui voulaient
« penser encore ou qui aspiraient à être libres ;
« il a voulu river un collier de servitude au cou
« des peuples, afin de trôner seul dans sa va-
« nité, au milieu de la bassesse universelle :
« voilà son œuvre pendant quinze ans.

« Elle a débuté, le 18 brumaire, par le par-
« jure, s'est soutenu par le carnage et a été cou-
« ronnée par deux invasions ; il n'en est resté
« que des ruines, un long abaissement moral,
« l'amoindrissement de la France, le legs du
« second empire commençant au deux décem-
« bre, pour aboutir à la honte de Sedan.

« La Commune de Paris avait pour devoir d'a-
« battre ce symbole du despotisme : elle l'a rem-
« pli. Elle prouve ainsi qu'elle place le droit au-
« dessus de la force, et qu'elle préfère la justice
« au meurtre, même quand il est triomphant.

« Que le monde en soit bien convaincu : les
« colonnes qu'elle pourra ériger ne célébreront
« jamais quelque brigand de l'histoire, mais
« elles perpétueront le souvenir de quelque con-

« quête glorieuse dans le champ de la science,
« du travail et de la liberté. »

Voilà la misérable phraséologie avec laquelle
les démagogues égarent l'ouvrier crédule, le
précipitent dans la misère et le crime. Sophisme,
mensonge, hypocrisie, tout leur est bon pour
propager leurs haines ou assouvir leurs convoi-
tises. La Commune de Paris atteste « qu'elle
place le droit au-dessus de la force et qu'elle
préfère la justice au meurtre; » elle affirme
qu'elle méprise les « brigands » et n'estime que
les « conquêtes glorieuses dans le champ de la
science, du travail et de la liberté; » et, quelques jours après cette solennelle proclamation,
elle prescrivait l'incendie des monuments de
Paris, les massacres de la Roquette, de la rue
Haxo et de la barrière d'Italie.

En tête du même numéro du *Journal officiel*
(27 floréal an 79) se trouve un décret de la Commune qui montre encore combien grand était
son patriotisme. Le jour où elle présidait au
renversement de la colonne Vendôme, elle ins-
tituait des délégués civils « auprès des généraux
des trois armées de la Commune. »

Or quels étaient les généraux de ses trois
armées?

Trois démagogues étrangers.

Je prends leurs noms dans ce décret officiel :
1º le général DOMBROWSKI ; 2º le général LA CÉCILIA ;
3º le général WROBLESKI.

Il n'est pas inutile de rappeler qu'un autre
général qui a joué dans la Commune un rôle
prépondérant, le général Cluseret, était également
un démagogue étranger. D'après le *Journal
officiel*, ce citoyen américain était tombé en dis-
grâce à cause de l'évacuation du fort d'Issy.

Le lecteur désormais est suffisamment édifié
sur la moralité et le patriotisme des néfastes
organisateurs de l'insurrection du 18 mars.